Inhalt

Paneel, 1996,
160 x 120 cm, C-Print/Diasec

In der Scheune ist es, trotz oder gerade wegen zweier Fenster, durch die ein hartes, weißes, undurchdringliches Licht fällt, so dunkel, daß man fast nichts sieht. Paradoxerweise ist es das Licht, daß uns, indem es uns blendet, am Sehen hindert. So wird die gleißende Helle des Aussens zur Voraussetzung für das nahezu undurchsichtige Dunkel des Inneren. Daß diese Scheune aus horizontal angeordneten Holzbalken gebaut ist, erkennt man nur daran, daß an einigen Stellen Licht durch die Ritzen fällt.
Schon beim ersten Blick produziert dieses Bild eine Frage, die an die grundsätzliche Wahrnehmung von Kunst rührt: Was sehen wir eigentlich? Eine erste, scheinbar banale Antwort lautet: Wir sehen das, was uns der Künstler zeigt, und, offensichtlich, um jedes Mißverständnis zu vermeiden, auch noch entsprechend benennt: *Scheune* (1997). Eigentlich müßte diese Kongruenz zwischen der Bezeichnung und dem Bezeichneten den Betrachter beruhigen. Irritierenderweise ist aber das Gegenteil der Fall. Die objektivierende Benennung verunklärt geradezu den Status der ihr zugeordneten Abbildung: Zum einen sehen wir schließlich keine Scheune, sondern – wenn überhaupt – einen Ausschnitt daraus. Zum anderen passen die klaren, schlichten Fenster eigentlich nicht zum Charakter einer Scheune. Und überdies läßt sich auch im dunklen Inneren des Raumes beim besten Willen nichts entdecken, was seine Scheunen-Identität auch nur näherungsweise bestätigen würde, zumal der Raum vollkommen leer ist. Nichts gibt dabei zu der Vermutung Anlaß, man habe ihn ausgeräumt. So wie sich dieser Ort präsentiert, signalisiert er eher, daß sich nie etwas in ihm befunden haben kann, weil die Leere ein Grundmodus seiner Existenz ist. Was wir sehen, beziehungsweise zu sehen glauben, erfüllt offensichtlich seinen Zweck nicht darin, etwas zu (ver)bergen, sondern sich selbst zu bergen. Der Raum stellt sich selbst aus, und dabei auch selbst in Frage. Als Ausschnitt aus einem nicht erschließbaren Ganzen, ist er sich selbst zum Rätsel geworden. Das Licht erleuchtet ihn weder, noch

Scheune (Barn), 1997,
183,5 x 254 cm, C-Print/Diasec

durchleuchtet es ihn. Statt dessen funktioniert es wie ein weißes hartes Schweigen, dessen einzige Funktion es ist, den Bereich des Aussens gegen den des Innens abzugrenzen und dabei auf die Auswechselbarkeit beider Sphären zu verweisen. So leer wie das Äußere ist auch das Innen, das zudem überhaupt nicht sichtbar wäre, fehlte das Licht, das hier selbst als ein Nichts erscheint.

Was wir materiell zu sehen meinen, ist in Wirklichkeit eine fotografische Erzeugung, die sich nicht auf das Vorhandene, sondern auf die Konstruktion einer Idee bezieht. Er wolle „buchstäblich die Idee des Bildes von seiner Erscheinung ablösen" hat Demand einmal gesagt und ergänzend ausgeführt, seine Bilder vermittelten „eine theoretische, utopische Anschauung der Welt, die sich jetzt wieder nur in einem Foto zeigt". *Scheune* ist genau ein solcher Fall: Sie geht zurück auf eine Fotovorlage von Jackson Pollocks Atelier auf Long Island, bei der im Akt seiner Mehrfachübersetzung alle ursprüngliche Realität aus der Bildvorlage gesaugt und in die reine

Idee der Repräsentanz verwandelt wurde. Ähnlich wie in Paneel (1998, Seite 2), der bislang radikalsten Arbeit des Künstlers, die überdies seine ambivalente Affinität zur „Minimal Art" deutlich illustriert, wird auch hier der Akt des Abbildens deswegen so ernst genommen, weil man daran zeigen kann, daß weder die Realität noch ihre Abbildbarkeit als Gegebenes vorhanden sind, sondern nur die Erscheinung der Bilder, die ihre eigene, unheimliche Fremdheit hinter dem Mimikry konventioneller Abbildungsmuster tarnen.

Jackson Pollock's Beach Sculptures

• **Sebastian Egenhofer** Laub

Langsam bleicht die Sonne den Tag. Die eigenartig weiten Abstände zwischen den Dingen sind müde verschattet. Geräusche bespülen den Rand der Aufmerksamkeit, vielleicht das Fisteln eines Radios oder das ferngewölbte Rauschen des Verkehrs, körperlos und wie bloß erinnert.

Hecke, 1996,
100 x 140 cm, C-Print/Diasec

Verstreute Vogelstimmen punktieren die laue Ereignislosigkeit der Vorstadtstraße. Die Verkettungen des Kausalen treten zurück im Anflug der puren Oberflächen des Gegenständlichen, Spreu des Sichtbaren in einer Ordnung ohne Gesetz. Der Faden der Zeit ist aufgelöst im Gespinst der Umrisse, den herkunftslosen Verschiebungen ihrer Muster. Ohne Begehren folgt der Blick den klaren Konturen alles Gezeigten. Gleichmut entledigt den Sehenden für Momente der Welt. Sein Gesichtskreis wird absolut.
Die Langeweile nimmt den Dingen Sinn und Gewicht. Ihre Ausdünnung zur visuellen Materie entzieht sie der Erzählbarkeit und gibt sie frei für ein temperamentloses Auffassen ihrer stumpfen, geschichtslosen Gegenwart. Der Wahrnehmung verwischen sich die Linien der Motivationen und Zwecke. Entscheidungslos auf dem Grat zwischen Banalität und Zauber öffnet sich die Szene des eingeklammerten, entkräfteten Wirklichen.
Die Photographie schneidet ihr Motiv nicht aus einem kontinuierlichen Umkreis. Es ist absolutes Fragment. Noch seine Grenze und seine Geschichte sind ihr immanent. Die materielle Insistenz des zwischengeschobenen Signifikanten schirmt dicht ab vom Fluß der lebensweltlichen Referenz. Dem entspricht die Lähmung und Entdramatisierung des Blicks. Demands Methode, das Motiv, Ersatz und Verstellung des Referenten, vor dem statischen Auge der Kamera langsam einzurichten, führt nicht allein auf die Verkehrung der Hierarchien von Medium, Bild und Gegenstand. Den abgeschlossenen Ort der Kontrolle stimmt eine matte Melancholie. Kühl streift noch die Vormittagsstille die Schläfen. Fern ist der brenzlige Staubgeruch des Südens. Ein schwacher Zug von Trauer geht durch die gläserne Ruhe.
In den Hecken der Vorgärten nisten keine Zikaden.

Monika Sprüth Galerie, 1997

• **Ruedi Widmer** Über die Balkonbrüstung hinaus

Mustererkennung ist eines der Kerngebiete der künstlichen Intelligenz. Computer lernen, wiederkehrende Konfigurationen aufzunehmen und einzuordnen. Ihre Welt ist

eine Muster-Welt. Mit zunehmender Feinheit der maschinellen Sensorien zeigt sich, wie sehr dasselbe für die Welt der Menschen gilt. Gesichter, Melodien, Schriftzüge, Verhaltensnormen, neurotische Reflexe, Arrangements von Kleidern, Essen, Möbeln usw. bilden Myriaden von Mustern, welche uns bei einer unserer Haupttätigkeiten als Anhaltspunkte dienen: der permanenten Suche nach Positionen und Distanzen.
All dies als Einleitung zu diesem Bild *Balkone*, das in ganz eigener Weise Mustererkennung durchführt und verkörpert. Die *Balkone* erzeugen in mir den Eindruck von etwas Vertrautem, Allzuvertrautem, auf unfaßbare Weise Typischen. Drei Balkone, zwei Balkontüren, vier Fenster in einer dunkelroten Wand. Das Beinah-Quadrat des Bildes leuchtet wie ein Gesicht auf und ein. Innere Regungen eines diffusen *Déjà vu* brechen sich ihre Bahnen. Durch das simple Raster des Mauerverlaufs, der Brüstungen und Fensteröffnungen scheint manches durch, was in den umgebenden Landschaften meines Lebens tatsächlich stand und steht. Dazu kommt dieses Licht: Die ewige Dämmerung von Neonlampen in durchstrukturierten Wohnsiedlungen, wenn die Nacht die Gehsteige und Rabatten zu menschenleeren Spielfeldern der Imagination macht, während das Leben hinter den schimmernden Scheiben zur statistischen Silhouette wird. *Balkone* könnte der jungfräuliche Blick eines extraterrestrischen Wesens sein. Eine reduzierte, aufgeklarte Sicht, in der das lang Bekannte als wundersame Fremdheit oszilliert: *Jamais vu*. Es handelt sich – so unvermeidlich wie bedeutsam – um einen Ausschnitt. Ausschnitt aus einer Blockfassade: Der Rest der Fassade und des Blockes läßt sich denken. Wie bei einer gemusterten Tapete oder einem Tischtuch reicht der Teil dazu aus, das Ganze in seiner repetitiven Logik zu erschließen. Doch: Was ist das „Ganze“ im Falle einer Blockfassade, deren variierte Grundstruktur ganze Siedlungen durchziehen, soziale Segmente einschließen, Generationen prägen kann? Wo endet dieser Block? Was schließt dieses Stück Fassade alles noch in sich, ohne es zu enthalten? Herauspräpariertes Arrangement von einer Tonalität, die sich als Totalität radikal entzieht: *Balkone* steht für eine Art Formel des Existierens, für das Muster eines riesigen Teppichs aus Stühlen, Betten, Klei-

Balkone, 1997,
150 x 128 cm, C-Print/Diasec

dern, Düften, Klängen, Filmen, Ritualen und Gedanken. Muster haben die paradoxe Eigenheit, daß bildlich im Kleinen faßbar ist, was im Großen dem Blick entgeht – und uns dabei gefangen hält: Lebens-Form. Das „Ganze" einer bestimmten, weit greifenden Konvention des Wohnens, Begegnens, Erziehens, Arbeitens, Reisens usw. ist prinzipiell nicht abbildbar. Die volle Potenz alltagsprägender Kodes kehrt die Abbildungsrichtung zwischen dem Bildner und seiner Welt gewissermaßen um. Viel eher kann sie ihn bannen als er sie.

Dieses Kräfteverhältnis wird von diesem Ausschnitt nicht verklärt. *Balkone* verkörpert eine wechselseitige Öffnung zwischen dem Muster im Sinne des Ganzen – „Blockwohnen" in einer bestimmten Zeit, in einem bestimmten geografischen Raum, in allen seinen möglichen Gesichtern – und dem Konzentrat: dem Muster als Inbegriff oder Reinform – drei Balkone, zwei Balkontüren, vier Fenster. Aus dem Ineinander des Ganzen und des Teils ergibt sich eine suggestive Kraft; der Eindruck, daß sich diese starre Welt dies- und jenseits der Fassade jederzeit unvermutet regen könnte; daß sie uns auch jetzt noch packt und hält, wo wir ihr Inbild vor uns haben und uns in der Lage fühlen, sie in die Sphären des Überkommenen zu verabschieden. *Balkone* hat etwas von der Horrorqualität der Bilder, die von Einzelkämpfern in Agenten-Thrillern im Zentrum einer übermächtigen Gegenwelt geschossen werden: Ein tapferes Schneiderlein blickt durch das offene Auge des schlafenden Riesen ins Labyrinth seines undurchdringlichen Körpers.

Kunsthalle Bielefeld, 1998

Daß die Balkone sichtlich aus Papier sind, kommt der Phantasie entgegen, und somit der Erinnerung. Der unterschwellige Schauder funktioniert wie eine Geisterbahn. Das Bedrohliche wird hingebaut, als handhabbares Muster für größere, realere Gewalten. Die *Balkone* sind nicht ausgeschnitten im Sinne der Selektion einer über die Weltoberfläche gleitenden Kamera. Sie sind ausgeschnitten in der Art einer Fratze oder Landschaft, die in einem Traum erscheint. Eingepackt, ausgedörrt und eingedickt wie eine Frucht, die durch den Blick des Betrachters – und nur in seinem Kopf – plötzlich von neuem ihren fatalen Duft entwickeln kann. Die dargestellte Portion Lebenswelt schnürt und verkleinert das Gezeigte nicht als Paket zur freien Verfügung und Distanzierung – wie das Fotografie öfter tut – sie öffnet nur den Blick, läßt das symbolische Gewicht fühlen, das eine simple Fassade in sich trägt.

Ein Muster, so lese ich in dem menschenleeren Bild, ist das sichtbare Ende eines Lebenszusammenhangs, dem man nicht einfach entkommen kann. Was ein Bild von dieser Verfangenheit vermitteln kann, rührt nicht von der unmittelbaren Realität seines Gegenstandes, sondern von der Genauigkeit seiner Anlage, von seiner formalen und emotionalen *Justesse*. Demands Arbeit besteht im visuellen Nachfühlen, im Finden und Verstärken von Schlüssel-Signalen. Sein Bestreben ist eine Art „Empfang" (im Sinne des technischen Empfangens von Bildern oder Tönen). *Balkone* entfaltet so die imaginäre Reinform eines realen Hintergrundes. Was ich dabei entdecke, ist, weit über die Balkonbrüstung hinaus, die Weise einer Wirkung einer Welt.

● **Volker Albus** Gebaute Tatsachen

Francis Durbridge „Das Halstuch", WDR 1961, Foto: Charlotte Fischer, Erftstadt

Von Zeit zu Zeit – zunehmend seltener – wiederholt das Fernsehen Spiel- oder Kriminalfilme aus den sechziger Jahren, Mehrteiler von Durbridge oder Klassiker wie „Gentlemen bitten zur Kasse". Abgesehen vom selbstreferentiellen Nostalgiepotential, das solche Rückblicke für den in die Jahre gekommenen Zuschauer bereithalten, zeichnen sich solche Ausgrabungen auch durch ihren immensen retrospektiven Reichtum aus: Jeder Anzug, jede Frisur, jedes Intérieur, vor allem aber die praktizierten Konventionen, (die ja im Gegensatz zu den formalen Äußerlichkeiten der Gezeiten nicht latent recycelt werden), geben präziser Auskunft über die Vergangenheit, als ein Großteil vorsätzlicher Dokumentationen oder Ausstellungen über die jeweilige Epoche.
Neben diesem Panorama offen sichtbarer Gestaltung, sind es immer wieder die hintergründigen Details des Sets, der *locations*, wie man heute sagt, die mich nachhaltig anregen. Einem tiefsitzenden Minderwertigkeitskomplex der Kriegs- und unmittelbaren Nachkriegsgeneration folgend, „spielten" alle diese Filme in England: die Namen waren englisch, die Autos waren englisch und auf den „Stadtfahrten" konnte man Big Ben und Piccadilly Circus sehen – schon damals kannten wir den Trick. Dazwischen aber, zwischen den Szenen in geschlossenen Räumen und den touristischen Prospekten Londons, gab

es Außenaufnahmen in eher unspektakulären Szenarien: auf Seitenstraßen, vor Hauseingängen oder in Hinterhöfen. Und mehr als jeder dilettantische Studioaufbau, mehr als jede fehlerhaft arrangierte Sitzgruppe, belegten diese originalen Hintergründe die tatsächlichen Drehorte: Örtlichkeiten im westdeutschen Irgendwo: in München, Hamburg oder Duisburg.
Zwar wiesen diese Ausschnitte keinerlei Besonderheiten auf, aber gerade in ihrer Durchschnittlichkeit formierte sich ein nahezu perfektes Bild hiesiger Alltagsarchitektur: Haustüren, Vordächer, Eingangstreppen, Sockelputz, Fensterrolläden, Garteneinfriedungen, Ziergitter und natürlich der Jägerzaun entfalteten als Gesamtbild eine ikonografische Signifikanz des nachkriegsdeutschen Überregionalismus, wie wir sie ähnlich von der Aussagekraft endloser englischer Reihenhauszeilen, des New Yorker Hochparterres oder provencalischer Natursteinassemblagen kennen.
Auch wenn diese Details nicht die postkartenkonforme Strahlkraft internationaler Eindeutigkeiten entwickelten, so vermittelte doch der von jeder Ambition getilgte Formenkanon unmittelbarer Nachbarschaften eine massive

Drei Garagen, 1995,
108 x 223 cm, C-Print/Diasec

Vertrautheit – aber bestimmt nicht Londoner Atmosphäre. Als ich zum ersten Male einige Bilder von Thomas Demand sah, empfand ich in diesen Bildern, genaugenommen handelt es sich um Fotografien von Skulpturen, eine gewisse Geistesverwandschaft zwischen der Sicht des mir bis dato unbekannten Künstlers und meinen ganz privaten Fernseh-Suchspielen.

Während die charakteristischen Insignien nachkriegsdeutschen Bau- und Wohnungswesens in diesen Produktionen wohl aber eher unbeabsichtigt waren und dementsprechend kurios wirkten, hatte Demand in seinen Arbeiten sehr gezielt ganz lapidare Typologien urbaner Gegebenheiten freigelegt und zu einem präzisen Konzentrat eben dieser gebauten Tatsachen zusammengefaßt. Das *Treppenhaus*, der *Sprungturm*, die *Brennerautobahn*, vor allem aber die *Drei Garagen* markierten in ihrer durchkomponierten Gesichtslosigkeit exakt jenen Konsens pragmatischer Banalität, der sich inzwischen zu dem bundesrepublikanischen Standard schlechthin entwickelt hat.

Jede Tour, jeder Abstecher durch die Wohn- und Gewerbegebiete unseres Landes führt uns eine bis zur Unkennt-

Francis Durbridge „Die Schlüssel", WDR, 1965, Foto: Ullstein Bilderdienst

lichkeit profanisierte Moderne vor Augen, aus der auch noch die letzten Spuren baukünstlerischen Selbstverständnisses getilgt sind. Jede Lagerhalle, jedes Reihenhaus, ja selbst jede Bushaltestelle verhöhnen in ihrer ordinären Vereinfachung, in ihrer nur noch der puren Pflegeleichtigkeit des Seins verpflichteten Zusammenstellung, jenen Geist der Moderne, der, zunächst als Haltung und als Prinzip gedacht, gelebt und verarbeitet, im Zuge der ökonomischen Durchdringung unseres Daseins, die Wesenszüge einer sozialen Neuorientierung zu schlechten Kopien ihrer ursprünglichen Leitbilder herunterwirtschaftete: Hausordnung statt Bauordnung statt Neues Bauen.
Mehr als in den dokumentarischen Fotografien einiger seiner Kollegen wird in den Arbeiten von Thomas Demand die Absolutheit dieser Entwicklung sichtbar, denn seine Sicht reduziert sich nicht auf ein von kaltem Schauer geprägtes Fasziniertsein, sondern indem er diese *Flure*, *Treppenhäuser*, oder eben die *Drei Garagen* ab-baut und nicht nur ab-bildet, schafft er sich zusätzliche formale und materielle Ausdrucksparameter. Und wohl kaum ein Material könnte die sturen Vereinfachungen und den ökonomischen Status der Preiswertigkeit besser vermitteln als das von Demand gewählte:
Alle seine „Bauten“ bestehen aus Pappe.
Und genau das erkennt man erst bei genauem Hinsehen.

Francis Durbridge „Tim Frazer“, Kriminalserie in sechs Teilen, WDR 1963, Fotos: WDR

● **Marcus Steinweg** Der Eingang

Vielleicht hilft keine Losung am Tag. Und die Regeln deiner möglichen Betretung gehören in den Kanon der Gesetze der Nacht. Einer muß am Eingang stehen und entscheiden über mich und über den Einlaß, meine Schnellfahrt mit dem Aufzug, an den hundertvielen Treppen und den hundertvielen Geländern hoch, bis in diese Zimmer, mein bitteres Asyl, bis in die Räume deiner Hoffnungen für mich. Nicht immer ist der Eingang gleichermaßen passiert. Manchmal ist er durcheilt mit der leisen Wucht der Ereignislosigkeit. Und ich, gehalten zwischen Nichts und totalem Effekt, *ich bin schon da*, als sei mit meinem

Eintreten erst gar nichts geschehen. Flink, mit der Zerrung von Flucht im Nacken, aber präzise genug, um noch den zarten Anschein von Ereignis zu löschen, sind meine Bewegungen so absolut. Dann aber, wenn es spät ist, und der Tag erreicht einen neuen Beginn, und die Wächter schlafen, hüpfen die Schlüssel unnötig lange von Hand zu Hand, und furchtlos jetzt und blind für Gefahr, mit dem Türglas in der Rechten und den Zigaretten links, ist noch Mut für kurzes Flüstern, schnelles Küssen und Greifen im Dunkelraum der Nacht.

Einer erzählte mir von Türen ohne Angeln, die Geschichte der Poren, daß über jedem Eingang der Schatten einer Erwartung stehe, einer Hoffnung sogar, auf einen möglichen Advent. Es würden Blütenmatten in den Staub der Wege gelegt. Musiker stünden über Jahre bereit und Kinder, die lachen können auf plötzliches Geheiß. So bleibt es weit in die Zukunft sich gleich, versicherte mir mein Freund, man müsse Zeit geben dem Unmöglichen, denn nur auf diese Art ist Zuversicht im Recht, es komme noch einmal ein absoluter Gast. Hier aber scheint alles anders, die Widerstände sind noch groß, wie die Spuren von Atmung nur Flecken sind von biederer Furcht und biederer Hast. Eine Art Mechanik der Schleusung, eine Programmatik der Grenzbestimmung, Ökonomien der Befragung und Sicherung arbeiten dem immer selben

Eingang, 1996,
125 x 140 cm, C-Print/Diasec

zuvor: daß ein Gesicht oder ein Antlitz, Wiedererkennbares, daß Sprache, die man versteht, daß Wägbares zum Betreten der Festung gehört.[1]
Dabei durchstimmt ein Zittern doch wohl jeden Gruß. Mit weißen Knien und zuviel Blut in den Füßen, die Arme weit, bedenklich sicher, dem Kommenden entgegengeworfen, fließt eine Formel über Lippen, die eben noch bunt, noch rot, jetzt weit, jetzt rund zum Kuß geöffnet sind. Manchmal bohrt sich, im Schwang der Ereignisse, ein schwarzes Wort fest in mein Ohr, oder ein kurzer, aber nicht abmeßbarer Satz, von Liebe ohne Tränen und greifbarem Glück.
Auch gehört zu den schwer leugbaren, nie „schlicht und einfach"[2] zu verheimlichenden Auffassungen mancher, folgende: daß der Eingang bloße Attrappe, ebenso listiges wie sorgsam kontrolliertes Simulakrum sei, nicht aller vorstellbaren Eingänge, aber des Vertrauens darauf. Für solchen Mißmut der Lebenshaltung bliebe jede Erwartung ihm zu das Beispiel vergeblicher Anstrengung und dennoch nie sicher gemiedener Durft. Dem kann mit einiger Mutwilligkeit entgegengehalten sein, daß Gegenden, Bezirke, Staaten, Häuser oder Familien, notwendig betreten sein müssen von wegen ergriffener Flucht. Aller Erwartung schnellte sofort die Erwartung einer Erwartung seltsam zuvor. Dem Willen aber zum Willen das Merkmal urtümlicher Lust. Da es spät ist und Rätsel nur drängen, vertraue den Worten, genüge den Tropen, für heute, der Nacht.

1
Siehe unlängst: Jacques Derrida, *Question d'étranger: venue de l'étranger*, in: Anne Dufourmantelle invite Jacques Derrida à répondre De l'hospitalité, Paris (Calmann-Lévy) 1997, p. 11-69.
2
Jacques Derrida, *Meine Chancen*, übers. von Elisabeth Weber, Berlin 1994, p. 1.

● **Michael Wetzel** Der Tatort als Baustelle

Was ist photogen? Die meisten werden auf diese Frage natürlich antworten: Alles, was schön ist, hübsche Menschen, liebliche Landschaften, geschmackvolle Dinge. Kenner der Ästhetik werden dagegen sofort einwenden, daß die Kategorie des Schönen ihr Privileg in der Moderne gerade an die nicht mehr schönen Künste verloren hat: das Regellose, Ungeordnete, Bedrohliche, Unheimliche, nicht zuletzt Häßliche der Wirklichkeit. Seit der klassischen Ästhetik des ausgehenden 18. Jahrhunderts gehört es schließlich zum Kanon, zwischen dem subjektiv

Raum, 1994,
183,5 x 270 cm, C-Print/Diasec

harmonischen *Schönen* und dem *Erhabenen* zu unterscheiden, das sich letztlich nicht darstellen läßt oder nur als Idee eines Unsichtbaren existiert.
Streng ethymologisch gesehen lassen sich *photogen* aber nur die Gegenstände nennen, die zur Photokamera sprechen und nicht zum menschlichen Auge. Damit kommt eine dritte Kategorie des Ästhetischen ins Spiel: das *Gleichgültige*. Schon Fox Talbot betonte bei seinen ersten Aufnahmen, daß die Kamera alles aufzeichnet, Geschmackvolles wie Geschmackloses, Bewundernswürdiges wie Banales. Die ästhetischen Kategorien werden *doppeldeutig*. Ein neuer Blick auf die Dinge, ein neues Sehen konstituierte sich, das z. B. Rilke verkünden läßt: „Das Schöne aber ist nur des Schrecklichen Anfang".
Rilke hat bekanntlich seine neue Sehweise nicht nur an Cézanne geübt, sondern auch die großen Ikonen der neuzeitlichen Malerei neu gesehen, wie Leonardos „Mona Lisa", an der ihn weniger das Lächeln des menschlichen Antlitzes als die unbegreifliche, ja abstoßende Natur dahinter faszinierte. Die letzte Konsequenz dieses Verschwindens des Menschen ist erreicht in den Photographien von Thomas Demand, die jenen des Zeitgenossen Rilkes

Eugène Atget darin gleichen, daß sie wie jener in seinen Aufnahmen eines menschenleeren Paris an Polizeiaufnahmen eines *Tatortes* erinnern, den Demand oft noch ins Interieur menschlicher Behausung verlegt, was die Leere noch unheimlicher macht. Die harmonische Ruhe ist nur Ruhe vor oder nach dem Sturm, dem Inferno eines Aufstandes der Dinge. Denn in ihrer bloßen *Vorhandenheit*, so wie sie sich dem Kameraauge mitteilt, entraten die Dinge jeder Dienlichkeit, sind sie nicht mehr zuhanden für den menschlichen Gebrauch.
Demands Bild von 1994 *Raum* zeigt ein völlig zerstörtes Zimmer, zerschlagene Möbelteile, zerborstene Deckenplatten, aus den Fugen geratene Fensterflügel, aber diese Trümmerteile liegen in malerischer Erhabenheit durcheinander, welche die einzelnen Elemente in makelloser Schönheit und in harmonischer Linienführung zur Geltung bringt. Der amerikanische Schriftsteller und Arzt Oliver Wendell Holmes hatte einst den zynischen Vorschlag gemacht, alle photogenen Monumente der Weltgeschichte nach ihrer Ablichtung abzureißen oder abzubrennen. Thomas Demand folgt einem umgekehrten Weg: Das Bild hält in den Überresten ein Ereignis fest, das selbst vergangen, abwesend, unsichtbar bleibt. Zu sehen sind nur die leeren Hüllen, die zerstückelten Konstruktionselemente. Holmes hatte seine Idee aus Demokrits Erklärung des Sehens durch die von den Dingen sich ablösenden und aufs Auge auftreffenden Hüllen der Dinge abgeleitet. Demand baut sich aus diesen Hüllen, den

Büro, 1995,
183,5 x 240 cm, C-Print/Diasec

Jeff Wall „The Destroyed Room“, 1978,
Foto: Johnen und Schöttle, Köln

Absonderungen, dem Abfall eine Welt des Scheins auf. Bekanntlich sind seine Photographien keine Aufnahmen dessen, was sie darstellen. Natürlich geben sie als materielle Spur eine objektive Wirklichkeit wieder, die abgebildeten Gegenstände aber sind in mühevoller Feinarbeit rekonstruiert worden. Es handelt sich dabei nicht um ein Verschwinden der Wirklichkeit in der photographischen Reproduktion, sondern um eine wirkliche Reproduktion der Gegenstände nach photographischen Vorlagen. Demand betreibt also *potenzierte Photographie* als Reproduktion der Reproduktion, wobei er sich für seine Modellbauten auch noch der Materialien der photographischen Trägerschichten bedient, nämlich Pappe und Papier. Aus ihnen, d. h. zweidimensionalen Bildträgern, baut Demand seine plastischen Simulakra des Wirklichen, die dennoch nur Oberfläche sind, zugleich eine Oberfläche, die kraft der Materialität der Pappe eigentümlich glanzlos monochrom ist.
Das Chaos des zerstörten *Raums* ist also ein konstruiertes, kalkuliertes: Seine Unheimlichkeit ist aus einem planenden Geist geboren. Bei genauem Hinsehen erkennt man die Gestelltheit wie in einem *Gestell* sowie die künstliche Hin- und Hergestelltheit selbst des Materials, das in seiner glatten geometrischen Geschlossenheit gerade nicht die häßlichen Bruch- und Rißstellen blinder Zerstörung aufweist. Demand arbeitet dabei als doppelter Künstler, als Photograph und als Plastiker, um beide Darstellungsformen gegeneinander auszuspielen: indem er den realen Abbildprozeß durch künstliche Konstruktion des Gegenstandes konterkariert, die freie plastische Gestaltung aber wieder referentiell an das zweidimensionale Vorbild eines photographischen Dokuments rückbindet, als das in diesem Fall eine Aufnahme des „Führerhauptquartiers“ nach dem Bombenattentat gegen Hitler diente.
Diese Doppelstrategie einer theatralischen Inszenierung des photographischen Schauplatzes erinnert an die Photographien Jeff Walls, der ebenfalls 1978 einen „Destroyed Room“ liebevoll vor seiner Kamera als Kulisse aufgebaut hatte. Während Wall aber reale Dinge in ihrer abstoßenden, ekelhaft aufgerissenen, *objektiven* Materialität exponiert, geht Demand mit der Ersetzung durch

Papp- bzw. Papiermodelle einen Schritt weiter. Wall ist Aristoteliker, der Form und Inhalt gegeneinander ausspielt, *morphe* (Gestalt) mit hyle (Materie) kontrastiert. Demand ist Platoniker, der ideale Archetypen der Dinge konfiguriert. Seine Tatorte dokumentieren auch nicht fiktiv die Spuren physischer Gewalt, sondern sind Baustellen, auf denen die figürlichen Elemente virtueller De(kon)struktion ausgestellt werden. Deshalb sind auch auf analogen Bildern wie *Büro* oder *Zimmer* die zerstreuten Träger einer Schriftkultur immer frei von jeder Zeichenspur, führen auch alle narrativen Indizien ins Nichts. Und schließlich ist eins gewiß: daß die papiernen Welten nach Beendigung des photographischen Sets doch abgerissen werden, um als photogene Licht-Spur eines unsichtbar Gebliebenen zu überdauern.

● **Markus Brüderlin** Über die Verwicklung von Konstruktion und Re-konstruktion

Unsere Wirklichkeitserfahrung, oder sagen wir besser Wirklichkeitsaneignung, wird von einer irritierenden Verwicklung von Konstruktion und Re-konstruktion beherrscht. 2400 Jahre lang gehorchte die abendländische Kunst dem Dogma der Nachahmung. Ihre Bilder waren Abbilder, d.h. Re-konstruktionen von Gesehenem und schon Bestehendem, mithin von Natur. Mit der Moderne befreite sich die Kunst von der Fessel der Mimesis und machte sich mit der ungegenständlichen Kunst an die „Konstruktion" neuer Welten. Die Fotografie, die das Monopol der Malerei auf Nachahmung brach, brachte eine irritierende Verschmelzung der beiden gegenläufigen Verfahren. Die mechanische Reproduzierbarkeit vermittelte die Illusion einer absoluten, wahrheitsgetreuen Re-konstruktion, die gleichzeitig durch die konstruktive Technik der Fotomontage wieder unterlaufen wurde. Mit der digitalen Verarbeitung, respektive Konstruktion von Bildern am Computer erfährt diese Verquickung noch eine Verschärfung, da scheinbar echte Körper in scheinbar wirklichen Räumen ohne analoge Übertragung, d.h. rein synthetisch, simuliert werden können. Die Trennung zwischen Konstruktion und Re-konstruktion verunklärt sich zusehends.

Zeichensaal, 1996,
183,5 x 285 cm, C-Print/Diasec

Eine hilfreiche Differenzierung erhoffen wir uns, wenn wir die Sache auf der Zeitachse aufgegliedert betrachten. Zukunft identifizieren wir mit „Konstruktion", im Sinne der Produktion eines Noch-nicht-Existierenden, während die Beschäftigung mit Vergangenheit die unablässige Re-konstruktion von Geschichte und Geschichten bedeutet – soweit legte es jedenfalls der moderne Blick nahe. Die postmoderne Praxis kehrte die Verhältnisse bekanntlich um: Zukunft erscheint dort als Rekonstruktion von Vergangenheit, wodurch die Vergangenheit zwangsläufig als etwas rückwärts aus der Gegenwart heraus Konstruiertes verstanden werden muß.
Wiewohl man Thomas Demands Großfotografien zunächst als listenreiche Reflexionen auf die Täuschungsmechanismen des Mediums Fotografie erkennt, gehen sie weit darüber hinaus und machen auf diesen nicht nur kultur- sondern auch zivilisationsgeschichtlich bedeutsamen Zusammenhang von Konstruktion und Re-konstruktion aufmerksam. Wenn auch im Titel nicht ausgewiesen, erfährt der Betrachter zumeist, daß die Fotos nicht einfach Ablichtungen von irgendeinem konstruierten Interieur sind, sondern Re-konstruktionen von architektonischen

Situationen, in denen sich Bedeutsames, z.T. sogar historisch Bedeutsames abgespielt hatte. *Badezimmer* von 1997 zeigt die Badewanne, in der der Politiker Uwe Barschel tot, wahrscheinlich als Opfer eines politischen Mordkommandos, aufgefunden wurde; *Zeichensaal* gibt einen Einblick in das damalige „Wiederaufbaubüro" in München, von wo aus am Reißbrett die städtebauliche Zukunft der Bayernstadt in Angriff genommen wurde. Die modellhafte Pappkonstruktion wird im Foto also zur Re-konstruktion eines Raumes, in dem stadtgeschichtliche Realität erzeugt wurde. Die Geschichtsträchtigkeit dieser Information wird durch die Verlassenheit und Makellosigkeit des Modells wieder ausgehöhlt – die historische Suggestion durch die konstruierte Sachlichkeit enthistorisiert.[1] Das vertrackte Spiel zwischen Konstruktion und Re-konstruktion läßt sich auch auf einer ironischen Ebene fortspinnen. Die unbeschriebenen Zeichenrollen und die sachliche Aufgeräumtheit vergegenwärtigen die stadtplanerische Wunschvorstellung der Tabula rasa, die nun aber gerade in der Bayernhauptstadt absurd erscheint, da diese ihr Gepräge im 19. Jahrhundert als historisierende Re-konstruktion des antiken Rom erhielt. Schließlich geht es hier ganz allgemein über jenes merkwürdige Dilemma, daß dort, wo der menschliche Geist auf voraussetzungslose Konstruktion aus ist, man sich in Re-konstruktionen verstrickt und dort, wo historische Re-konstruktion zwecks Wahrheitsfindung angestrebt wird, man auf die Konstruktion angewiesen ist. Man hat für diejenigen künstlerischen Strategien, die diesen ambivalenten Zusammenhang sichtbar machen, einen Begriff erfunden: De-konstruktion. Thomas Demands Großfotos sind im besten Sinne De-konstruktionen, die nun nicht nur die medialen Mechanismen und die Wahrnehmung dekonstruieren, sondern auch unseren Umgang mit Erinnerung und Geschichte.

1
Andererseits macht die Banalität der Situation darauf aufmerksam, daß die meisten bedeutsamen, daß heißt folgenreichen Begebenheiten einen banalen Anfang haben. Die Zürcher Künstler Fischli und Weiss haben das in einem Miniaturdenkmal in den 80er Jahren bestens veranschaulicht. Ein kleines modelliertes Ton-Objekt, das zwei schlafende Eheleute in ihrem Ehebett zeigt, trägt den Titel: „Frau und Herr Einstein nach der Zeugung ihres Sohnes Albert".

● **Ulrich Meister** Ähnlich

Fenster, 1998,
183,5 x 286 cm, C-Print/Diasec

Ähnlich dem Erlebnis, das ich einmals hatte, als ich eines Morgens aus der Haustür auf die in Nebel gehüllte Straße trat, und die nicht allzuweit entfernte Straßenlaterne mich auf einmal für sich einnahm, so wie sie sich als dunkelgraue Silhouette vor einem hellgrauen Grund abzeichnete und mich innerlich ausrufen ließ: „Was ist das für eine schöne Form!" Die Welt ist auf einmal auf eine Grundform zugespitzt, nicht mehr eine zu gebrauchende, sondern eine ausschließlich optisch vorhandene und zu erkennende Welt, so, wie Francis Ponge eine Pinie beschreibt:" ein Schaft, ein Kegel, und kegelförmige Zapfen."

● **Régis Durand**

Roberto Rosselini „Deutschland im Jahre Null", 1947, Foto: WDR

Seit langem schon gibt es in der Kunst eine philosophische Richtung, für die technische und formale Probleme unmittelbar zu moralischen Fragen führen (man erinnere sich beispielsweise an die häufig zitierte Bemerkung von Jean-Luc Godard, nach der eine Kamerafahrt im Kino, eine „moralische Angelegenheit" ist) [1]. Diese Richtung durchzieht die Perioden und Genres und bringt eine geistige Familie näher, die sich Fragen stellt über die *Verantwortlichkeit der Form* – von Bresson bis hin zu Rossellini und Godard, von den Konstruktivisten bis zu Ad Reinhardt und den Minimalisten, um nur diese wenigen Beispiele

zu nennen.
In dem hier zur Diskussion stehenden komplexen Werkprotokoll (dessen Auswirkungen ich an anderer Stelle versucht habe zu beschreiben)[2] finde ich eine „préoccupation“[A] derselben Art. Geduldig Gestaltungsarten für die Photographie und für sie allein zu erarbeiten, bedeutet in erster Linie, ihr den pittoresken Zufall und die Willkür der Momentaufnahme zu untersagen, die vorgibt, ein „Bild der Welt“ zu vermitteln; und ihr bei dieser Gelegenheit die Usurpation des Ortes und des Blickes zu untersagen, die diese so häufig begleitet („sich niemals dorthin stellen, wo man nicht ist, noch anstelle der anderen sprechen“, kommentiert Serge Daney im weiter oben zitierten Text).
Auf eine bestimmte Art und Weise geben sämtliche Werke Thomas Demands davon Zeugnis. Das Ausgangsdokument, auf das sie sich stützen, hat nicht zwangsläufig große historische Autorität. Absorbiert von den großen Tageszeitungen und aus dem Kontext genommen, hat es selbst seine moralische Verankerung und dokumentarische Autorität, die es (vielleicht) einmal gehabt hatte, verloren[3]. Tatsächlich ist es der Künstler, der es durch die Arbeit, der er es unterzieht, *festhält*, der das historische und symbolische Gewicht, welches es noch verbirgt, ans Licht bringt. Mehr noch als er es nur zitiert oder nur zu politischen oder ästhetischen Zielen aufruft, aktualisiert, materialisiert, *literalisiert* der Künstler sogar das, was das Dokument noch an symbolischem Wahrheitsgehalt enthält.
In *Zeichensaa*l, 1996, führt eben dieser Saal für Architekturzeichnungen wie aus der Tiefe die Konzeptions- und Skizzenarbeit vor Augen, die der Umsetzung eines Entwurfes (des Architekten, aber auch des Künstlers) vorangeht. Es handelt sich jedoch hier um ein offensichtlich kollektives Projekt, und es herrscht in diesen Büros eine kalte, quasi-disziplinarische Ordnung. Das ist die durchschnittliche städtebauliche Ordnung, die unser alltägliches Dasein beherrscht. In diesem gegebenen Fall verweist das Festgehaltene auf die Phase des Wiederaufbaus in Deutschland nach dem Krieg (und ruft uns die Bilder des Chaos' in Berlin von Rossellini im *Deutschland des Jahres Null* ins Gedächtnis, wobei dieses

Roberto Rosselini „Deutschland im Jahre Null“, 1947, Foto: WDR

1
Siehe Serge Daney „Le travelling de Kapo“ (“Die Kamerafahrt des Kapo“), Trafic 4 (Herbst 1992), S. 5-19

Chaos für eine untragbare moralische Unordnung steht, die es nun auszulöschen gilt).
Wiederaufbauen impliziert auch eine moralische und politische Entscheidung, eine Projektion der Vorstellung, die man sich von der Vergangenheit wie auch von der Zukunft macht. Indem er selbst ein Bild „wiederherstellt" (indem er es rekonstruiert, indem er die Ähnlichkeit mit der Wirklichkeit dupliziert) nimmt Thomas Demand seinerseits einen Teil dieser Verantwortung auf sich. Hinter diesem Ort der Arbeit weist er auf den städtebaulichen Traum einer neuen Ordnung hin, die durch anonyme „Entscheidungsträger" vorgegeben wird. Seine Photographie, weil sie selbst eine bewußt konstruierte Utopie ist, enthüllt die Utopie eines Wiederaufbaus, der, wie üblich, von einigen stellvertretend für die Masse der anderen entschieden wird.

2
Régis Durand, „Thomas Demand: un monde de papier" („Thomas Demand: Eine Welt aus Papier"), Art Press 221, Februar 1997, S. 40-45

3
Hinter diesen Bemerkungen stehen offensichtlich die wesentlichen Schriften von Walter Benjamin und im besonderen seine „Petite histoire de la photographie" („Kleine Geschichte der Photographie"), die man schon lange in bezug auf diese Fragen hätte kommentieren müssen (besonders in bezug auf die Frage, was er als „die Literalisierung" der Lebensbedingungen in der Photographie bezeichnet)

A
préoccupation - Einstellung a priori (Anm. d. Üb.)

● **José Llebrero Stals** Zimmer ohne Blick

Das fotografische Bild hat bis heute hauptsächlich zwei Funktionen erfüllt: zum einen, Wirklichkeit zu dokumentieren, und zum anderen sie darzustellen. Die neuerliche Komplexität des digitalen Bildes einmal beiseite gelassen, bedient man sich zu diesem Zweck für gewöhnlich der Leistung zweier typischer Erfindungen aus der wissenschaftlichen Forschung: die eine physikalisch, dem Bereich der Optik angehörig, die andere chemisch, die Reaktion von Metallen betreffend. Das Ergebnis dieser ästhetischen Anwendung wissenschaftlicher Erkenntnisse war stets von zwei Grenzen bestimmt: vom Bildausschnitt und vom Maßstab - Einschränkungen, aus denen die Kunstfertigkeit des guten Fotografen schöpferischen Nutzen zu ziehen pflegt. Diese moderne Form des Aufzeichnens, Speicherns und Erzeugens von Bildern hat sich unterdessen kulturell etabliert und trägt ihren eigenen Namen: Geschichte der Fotografie.
Aus seiner Praxis und dazugehörigen Theorie heraus diente das fotografische Bild dazu, die Welt zu bejahen oder anzuklagen, ihre Protagonisten zu erhöhen oder in Frage zu stellen. Im Laufe seiner über hundertjährigen

Entwicklung wurde das Medium als künstlerische Form anerkannt. Es ist eine visuelle Sprache, die, konzeptuell eigenständig, gesellschaftlich legitimiert und wirtschaftlich valutiert, die Widersprüche ihrer Zeit kritisch aufzudecken imstande ist.

Um über *Zimmer* zu schreiben, kommt man nicht umhin, die thematische Vorgabe seines Urhebers zu beleuchten. Diese fotografische Arbeit dokumentiert die akribische Rekonstruktion eines konkreten Schauplatzes in Originalgröße, und stellt doch am Ende nicht das dar, was sie einzufangen scheint. Das Bild zeigt im Maßstab von nahezu eins zu eins den Ausschnitt eines gewöhnlichen Zimmers. Ein Innenraum, scheint es, vermutlich zur häuslichen Arbeit und Muße, nicht sonderlich aufschlußreich, ohne eine Person, die darin ausdrücklich wohnte, aber mit Spuren menschlicher Handlungen in der Unordnung der Dinge, aus denen er sich zusammensetzt. Und doch könnte hier, in dieser Unwirklichkeit, niemand leben. Was ich auf der Katalogabbildung einer Arbeit sehe, die in Freiburg ausgestellt sein wird, unterscheidet sich vermutlich wenig von meiner Umgebung in Barcelona, wenn ich zuhause an diesen Zeilen schreibe: ein Päckchen Zigaretten, Papier, Stuhl, Kaffeetasse, Tisch, Bett...

Doch in *Zimmer* erkenne ich das gebrochene Weiß meines Kopfkissens nicht wieder, nicht die Schmutzigkeit meines Aschenbechers, das vertraute Geräusch meiner Schreibmaschine, das Schimmern auf dem Leder meines Aktenkoffers... *Zimmer* gewährt mir keinen Blick auf die Welt. Der gleichzeitig lebhafte und trübe Eindruck, den das Gezeigte erweckt, die Zurückhaltung von Gefühlen und Regungen lassen es nicht zu, daß ich es auf befriedigende Weise mit Dingen *meiner* Welt identifiziere.

Auch durch das, was das Bild zu dokumentieren vorgibt, läßt sich das Dargestellte nicht sicher mit einzelnen Episoden einer subjektiven Erfahrung verbinden. Daraus erhellt, wie karg die voyeuristischen Möglichkeiten sind, die dieses konkrete Bild als Reproduktion auf dem Papier eines Buches gewährt. Was ich sehe, macht mich gerade mißtrauisch gegenüber seinen vorgeblich abbildenden Eigenschaften. Die sonderbare und provozierende Klarheit des Belichteten erzwingt einen phänomenologischen

Zimmer, 1996,
172 x 232 cm, C-Print/Diasec

Blick: seine Künstlichkeit trügt nämlich nicht. Aber vielleicht trügt meine Vorstellung von der Wirklichkeit, mein Verhältnis zu meinen Zigaretten, meinem Bett, meiner Schreibmaschine, und das auch noch auf perverse Weise...

Ich könnte nun mein Gedächtnis bemühen und mir in Erinnerung rufen, wie ich dieses Werk erlebte, als ich es in einer früheren Ausstellung sah. Es ist ein großes

Format von 172 x 232 cm, technisch makellos, von akrylgläserner Oberfläche, mit reinen Farbskalen und ebenso deutlich wiederzuerkennenden wie unerreichbaren Motiven. Da es mir an hinreichend interessanten symbolischen Anhaltspunkten mangelt, ich hinsichtlich meiner Ausdrucksmöglichkeiten entwaffnet bin und deshalb darauf angewiesen, erstlich und letztlich die Persönlichkeit dieser fotografischen visuellen Einheit zu entziffern, muß ich wohl schließlich ihren Modellcharakter einräumen – ein Prototyp gewissermaßen, für etwas, das es einmal geben könnte. Es handelt sich um ein falsches Stilleben, das zu Überlegungen auffordert über das vielschichtige Spiel der Entsprechungen zwischen den Gegenständen und ihrer Bildgestalt, über die Beschreibung und das, was sie beschreibt, oder über den Ideen- oder Normcharakter, der mit jeder Darstellung einhergeht.
Daß dieses Zimmer den Blick verwehrt, hat sein Interessantes in der Kraft, die es als in das Bild projizierte Idee beweist, in der brüchigen Stofflichkeit des Dargestellten, in seiner unwirklichen Kühle und Künstlichkeit, und schließlich in dem gedanklichen Horizont, den es eröffnet und der die Erkenntnis befördert, daß zwischen aller mentalen Weltkonstruktion und der unverzichtbaren Reichhaltigkeit der unmittelbaren Erfahrung ein bodenloser Abgrund liegt.

Zimmer (Ausschnitt)

• **Michael Krome** „Sind es Experten?"

Als 1967 die allererste deutsche Rateshow von der Internationalen Funkausstellung in Berlin in Farbe ausgestrahlt wurde, tröstete der Moderator Robert Lembke seine „Avantgarde"-Zuschauer, daß die folgenden Serien aus München wieder in schwarz-weiß zu sehen sein werden. Dem Erfolg und dem Modellfall von „Was bin ich" für die deutsche TV-Landschaft entstanden hierdurch keinerlei Quoteneinbußen, war doch das eigene Wohnzimmer auch nicht immer so farbig und war doch bajuwarische Gemütlichkeit eine Primärtugend deutscher Feierabende. Ebenfalls 1967 und ebenfalls modellbildend initiierte Rudolf Zwirner mit Hein Stüncke und Rudolf Springer den

ersten internationalen Kunstmarkt überhaupt, ebenfalls modellbildend, aber fortan permanent und auch nach der Pop Art in Farbe. Zufällige Koinzidenz oder Schicksalschlag für Generationen, proppenvolles kollektives Gedächtnis allerseits?
Als, – etwa im Jahre 1992 mag es gewesen sein – uns Kölner Sammler während eines Gespräches über aktuellste (bewußte Verwendung des Superlativs) Kunst mitteilen, daß sie ja „aus bewußten Gründen“ keinen Fernsehapparat hätten und sich später herausstellte, daß sie aus ähnlichen Motiven auch Fußball (trotz den Dingen die sich seit 1954 im Berner Wankedorfstadion zutrugen) für einen wenig erbaulichen Gegenstand der Betrachtung hielten, da näherte sich uns der Instinkt, doch diese Stadt langsam zu verlassen und nach neuen Ufern umzutun.[1]
Nicht nur, daß ein ganzer Sender die TV-Primär-Farben des Hintergrundes von Was-bin-ich adaptiert, nein, sie kopieren damit (und das ist die Dreistigkeit) auch einen Archetypus. Der mediale Archetypus „Was-bin-ich“, Ratespiel und unter ikonographischen Gesichtspunkten vitalisiertes Textbild zugleich, hat wohl kaum einen unserer Generation kaltgelassen. Sicher gab es die Figur der Edgar Wallace Filme mit Blacky Fuchsberger (später Spielshows) gab es das ZDF Sportstudio (seinerseits Archetypus der Talkshow überhaupt, Wim Toelke, später Spielshows), gab es Dalli Dalli, gab es...
Und sicher ist die Benutzung der Spektralfarben bei Apple, oder bei der Edition Suhrkamp durch Willi Fleckhaus (Twen) zum anachronistischen Standard geworden.
Das Testbild hat bis heute, obwohl man heute seltener so lange dran bleibt (kommt es denn überhaupt noch?), seine anachronistische und zudem archetypische Bedeutung behalten. Umso interessanter, daß es bei „WBI“ als Dekor, als dezenter ruhiger und vertrauter Backround daher kam. Annette (von Aretin) betonte immer wieder den „unehrgeizigen aber neugierigen Spieltrieb“ der den authentischen Nebenan-Charakter von Was-bin-ich über Generationen ausmachte.
Aber Robert Lembke war der Konzeptkünstler unter den Rateonkels und das heißt er war schlicht der puristischste. Das Maximale an Spannung, an Erwartungshaltung an Brechtschem V-Effekt mit den einfachsten Mitteln:

1
In Zeiten, wo der Wolfgangsee bis zur Gartenterasse zum anderen Sitzonkel schwappen sollte, weil aufgedunsene ABM-Kräfte die Wasserverdrängung künstlich exponieren, da ist das kalkige Ankreuzen von „selbständig“ und „angestellt“ ein schöner und sympathischer Anachronismus und funktioniert primär als Bild. Bilderpolitik.

Quizmaster Robert Lembke: „Welches Schweinderl hätten Sie denn gern?“, Foto: Bayrischer Rundfunk

Minimalistische Studiodekoration, fünf Nippes-Schweine mit Schlitz, eine Augenbinde, fünf Kandidaten, ein Moderator mit Hornbrille und zwei Kameras. Die „Typische Handbewegung“, Ausdruck naturalistischer Identifikation mit der Zugehörigkeit zu einer sozialen ökonomischen Klasse, hat ganze Generationen zu rezeptionsästhetischer Praxis aufgerufen: „Wer die Berufe selbst erraten möchte, Augen zu zwischen den beiden Gongschlägen.“ Der Als-ob-zu Hause-Effekt vom Onkel Robert aus München, angereichert mit den eh-und-immer-schon vertrauten Anneliese, dem Guido aus der Schweiz, der Marianne (Koch) und nicht zu vergessen dem Hans, das war wie Canasta oder Rommé oder Familienkreis in kirchlich motivierten sozialen Zirkeln. Das Gute daran war das Gute darin: jeder kannte „WBI“ und „WBI“ machte auch keinerlei spektakulären Versuch über das Vertraute hinauszugehen.

Daß Lembke ohne jeden Zweifel päderastische Züge mitkommunizierte, mußte den Bayrischen Rundfunk einen Dreck interessieren und die darin zum Ausdruck kommende Ambivalenz (Vertrautes/Päderastes) hat den Quoten sicher nicht geschadet, nein sicher zu einem der größten Konsenses in der deutschen Filmgeschichte geführt. Und nun ist es vorbei, Studio pleite, Rateonkel tot, Fernsehnachwuchs auf der Love Parade (besser mal bißchen rumschwimmen mit Identitäten) und was bastelt der Künstler heimlich in seinem Atelier aufs akribischste nach, obsessiv und auf der Suche nach Gedächtnis, nach (Historien)-Bildern, die die „kollektiv-eigenen“ prägten?

Arm sind die, denen wahrscheinlich nicht nur diese Obsession fehlt, die kein Gerät und vielleicht noch nicht einmal ein Instrument zum Empfang bereit halten und denen diese Bilder-kultur abgeht. Daß ich mit meiner vierjährigen Tochter letzten Sonntag in „Grease“ gehen konnte, wir nachher über Sandy (John Travolta) sprechen konnten und dies dann auch in ca. 40 Jahren noch einmal tun, wenn die Retrospektive im ZDF läuft, fördert ganz klar das Verhältnis Vater-Tochter.

Was bleibt, ist die Erinnerung an einen Ort der „Fernseh“-Aktivität mit maximalem Aufforderungscharakter, Brechtscher Dimension und unglaublicher Kompatibilität mit bürgerlichen Erwartungshaltungen und Identitätsvorstel-

Was bin ich?
ein heiteres Beruferaten mit Robert Lembke
Deutsches Fernsehen (ARD): Dienstag, 8. November 1977, 20.15 Uhr
Quizmaster Robert Lembke (rechts) und sein Team. Das Team von links nach rechts: Guido Baumann, Anette von Aretin, Hans Sachs und Marianne Koch, Foto: Bayrischer Rundfunk

lungen, denn – klar „Was bin ich" die Frage ist eine Frage der Profession, und zudem so binär wie es auf der Schiefertafel zwischen „angestellt und selbständig" unterschieden wird. Der Ort sieht so aus und sieht Gott sei Dank besonders hier so aus, als er gemacht wurde, damit er sich in den Köpfen der Zuschauer weiterkreiert, austauschbar zeitlich und räumlich übertragbar, eher eine Haltung, vielleicht eine soziale sogar.
Diese hybride Mischung zwischen bayrischer Wohnzimmerstube und TV-Studio, zwischen medialem Raum und individueller Atmosphäre („Du, Marianne, „Sag a mal Hans"). Man genügt sich, der Traum von idealer lieber Welt war und ist sympathisch und scheint aus der heutigen Perspektive unglaublich ungekünstelt ja fast authentisch. Entgegen einem weit verbreiteten Mißverständnis, dem Interpretationsprimat einer formalen Kompositionsmethode oder dem Medientransfer vom Pressefoto zur Bastelei und dann zum akribisch gesäuberten und strukturalisierten Foto, sind die Geschichten und die verkrusteten Erinnerungen das, was den Wert der Neubearbeitung der Bilder ausmacht. Bilder als Derivat vergangener Realität (oder Medienrealität), Bilder, die sich vom Bild lösen und zur Geschichte werden. Und dann eine Ausstellung machen, die Geschichten erzählt, obwohl es nur Bilder sind. Geschichten auch noch im doppelten Sinn, nämlich einer persönlichen Geschichte von Bildern, die gleichzeitig auf ganz soziale Art Bestandteil der öffentlichen Bilderrezeption also der kollektiven Bildergeschichte waren.
Welche Bilder trage ich in meiner eigenen Geschichte am meisten (obsessivsten?) mit mir rum, was mache ich im Laufe der Zeit und der Geschichte (Sedimentierung) daraus und wie bebildere ich sie wieder zurück, wieder hinein in einen Kontext, der als Schichtung wieder für viele Primärrezipienten (hier TV-Kucker) Bedeutung evoziert?
Daß das formal ganz abstrakt, kühl und nüchtern, so-zusagen deskriptiv passiert, bedeutet umgekehrt nicht, daß es unemotional angelegt ist. Im Gegenteil. Die Demandschen Motive sind stark genug und sind Kommunikation genug und trotzdem sehr privat in ihren Präferenzen.
Pappe als zeitlosestes und vielleicht globalstes Mittel von Nachbau oder Nachstellung läßt definitiv keine identifikatorischen Rückschlüsse zu, die andererseits die Motive

und speziell das von „WBI“ geradezu hervorrufen. Die Frage nach dem Existenzstatus wird gestellt und zwar forciert, die Frage nach Echtheit und Vermitteltheit der Bilder, nach Bildern bei denen der Betrachter zunehmend mehr gar nicht weiß, ob es originale oder virtuelle Fiktionen epigonale Clones oder Samples oder wirkliche Konfrontationen mit der eigenen Biographie sind.
Trotzdem werden die Motive so abstrakt, zeitlos und unpersönlich behandelt, daß dem Betrachter genügend Raum für Projektionen gelassen wird, die er als kollektives Mediensubjekt sowieso mehr oder weniger in dieselbe Richtung sehen wird. Nie sind Menschen zu sehen, um so mehr ist Platz für ungestörte Projektionen um so mehr kommt der Zuschauer ins Bild.

● **Simon Morrissey** Studio

Wie immer wird uns nur ein knappes Minimalangebot an Informationen geboten.
Ein langer, grauer Moderatorentisch auf einem niederen Podium. Flankiert wird der Tisch von vier einfachen Stühlen in einem ähnlichen Farbton; einer der Stühle steht schräg abgewinkelt und zurückgezogen etwas im Abstand von den anderen. Auf der Tischoberfläche verteilt finden sich einige Gläser, ein paar Notizblöcke, vier Namensschilder. Alles wird schließlich von einem Hintergrund aus kühnen vertikalen Streifen unterlegt, jene dazu noch mit Farbabstufungen, die so anziehend wirken wie ein

Studio, 1997,
183,5 x 355 cm, C-Print/Diasec

Gemälde des Abstrakten Expressionismus.
Eine Ansammlung oder sogar ein Arrangement von Möbelstücken vor einer vielfarbigen Projektionsfläche in einem unspezifischen Raum. Egal, wie man diese zusammengetragenen Fragmente addiert, multipliziert oder sie in eine Reihenfolge zueinander bringt, ohne den Kontext, den eine Benennung mit sich bringt, will es den Gegenständen einfach nicht gelingen, eine konkrete Bedeutung für sich zu erschaffen – und der Bildtitel liefert ohnehin keinen Anhaltspunkt für eine etwa bestehende Identität. Bei dem Versuch, einen Ausgleich für die vage Mehrdeutigkeit zu finden, wird das Abgebildete umso heftiger, umso intensiver aufgesogen. Jede Einzelheit auf der riesigen Photographie wird eingehend untersucht: bis hin zu den eigentlich räumlichen Beziehungen des Maßstabs, dem liebevoll gestalteten Detail, der abstrakten Pracht des Hintergrundes. Schon das simple Faktum, daß dieser verlassene Raumzusammenhang so konzentriert präsentiert wird, legt seine Bedeutsamkeit nahe, doch ist man frustriert, wie die Szenerie selbst sich bewußt dagegen verschwört und sich anonym zeigen möchte.
So bleibt die Photographie trotz ihrer minutiösen Ausführung merkwürdig steril. Ob es nun eine Wand oder ein Stück Papier ist, die Oberflächen in der Darstellung sind alle gleich flach und ohne auffällige Eigenheiten. Es gibt keinerlei Hinweise, die auf eine Einzigartigkeit dieser Szenerie deuten, keine Namen auf den Namensschildern, keine Gebrauchsspuren oder Hinweise auf ein Alter. Mehr denn eine tatsächliche Szenerie erscheint *Studio* als räumliche Metapher für eine befremdliche Erinnerung, die sich in das Bewußtsein des Betrachters geschlichen hat. Wie bei einer Erinnerung, werden Form und Struktur wieder ins Gedächtnis gerufen, wird das Skelett der Wiedererkennung zusammengesetzt, doch die Einzelheiten, welche ansonsten eine Flut an Assoziationen auslösen würden, bleiben vorenthalten.
Indem die Verortung in Zeit und Raum verweigert, indem Identität vorenthalten wird, bleibt *Studio* als ein anonymes, doch überaus vielschichtiges Simulakrum zurück. Jeden Systems zur Wiedererkennung entledigt, tritt das Wesen des Raums in einem Zustand dauernder Sinnfluktuation zutage, wo unser kritischer Blick, nun mit einem

Mal außerstandegesetzt, sichere Einsichten zu liefern, sich einfach in einem Meer von Spekulationen ergeht. Vermutungen und Mutmaßungen bringen eine historische Dimension in das tatsächlich Beobachtbare. Farbe und Stil des alles übrige vereinnahmenden Hintergrundes scheinen *Studio* auf die 50er oder 60er festzulegen, wobei dessen kühn-abstraktes Design stark an die Malerei jener Zeit erinnert. Doch ein Design wie dieses wurde bald zum üblichen Standarddekor in so vielen öffentlichen Einrichtungen und Büros, die es nicht für nötig hielten, mit der Zeit zu gehen, daß die Gestaltung des Hintergrundes hier im Grunde eigentlich auch in jedes Jahrzehnt seither gehören könnte. Unterschiedliche kulturelle Kontexte zwingen den ohnehin bruchstückhaften Informationen zudem noch unterschiedliche Beurteilungen auf. Die Anordnung der Möbel legt das Podium in einem Auditorium nahe, das für eine Podiumsdiskussion oder eine Pressekonferenz vorbereitet wurde. Der Titel signalisiert jedoch, daß es sich bei diesem Raumzusammenhang genauso gut um ein Fernsehstudio kurz vor Übertragungsbeginn handeln könnte.

Innerhalb der Leere, die *Studio* im Kern ausmacht, beginnen beide Sinnpotentiale (und eine Reihe anderer noch dazu), miteinander zu koexistieren:

Die Kamera erfaßt zunächst die in einer Reihe dasitzenden Moderatoren der Einzelbeiträge bevor sie auf den zentralen Nachrichtensprecher für die Schlagzeilen einschwenkt. Er trägt seinen Part mit getragener Stimme vor, deren Ton dem Ernst der Ereignisse angepaßt ist –

es könnte eine Stimme sein, um einen Mord zu vermelden, eine Wirtschaftskrise, soziale Unruhen. Heute Abend aber erzählt sie von einer politischen Intrige. Hinter dem Kopf des Nachrichtensprechers werden, in zeitlicher Abstimmung mit seinen Meldungen, kurze Bildeinspielungen über die übereinandergelegten Farbbahnen des Studiohintergrundes projiziert. Die Nachrichtenclips zeigen eine Reihe verschiedener Schauplätze – ein Garagenblock, ein leerer Korridor, ein Büro mit Papier, das überall auf dem Boden verstreut liegt. Des öfteren sind die Einspielungen unten mit der kleingedruckten Einblendung „Archiv-Material“ versehen, was sie als Bilder aus den Lagerregalen des Archivs ausweist – ausgehöhlte *Images*, bloße Bilder ohne eigene Identität, deren Sinn sich jedesmal neu formiert, wenn eine Story in sie hineinprojiziert wird. Die Filmeinspielung wechselt den Schauplatz zu einer Außenaufnahme eines großen innerstädtischen Hotels. Der Sprecher möchte gerade eine folgenschwere Neuigkeit verkünden, etwas, das gewaltigen Widerhall überall auf der Welt hervorrufen würde, als er unfreiwillig über seine eigenen Worte stolpert. Er zögert, schaut dabei direkt in die Kamera. Der Kameramann zoomt genau auf das versteinerte Gesicht vor dem abgestuften Farbteppich. Sekunden ziehen sich zäh wie Stunden, bis der Sprecher seine Fassung wiedererlangt. Die vier offiziellen Vertreter nehmen vor einem Sperrfeuer von Blitzlichtern und einer anschwellenden Lärmwand aus dem Zuschauerraum ihre Plätze ein. Als Zweiter von links in der Viererreihe erhebt einer der Offiziellen seine Hände, um für Ruhe zu sorgen. Der Lärm fängt langsam an abzuebben. Er beginnt damit, etwas von einem einzigen Blatt Papier abzulesen, und man kann deutlich spüren, wie unbehaglich sich seine Begleiter dabei fühlen. Sie konzentrieren sich betont auf das Abfassen kurzer Notizen oder starren unentwegt in die vollbesetzte Halle vor ihnen, bis die Meldung verlesen ist. Noch bevor um Fragen gebeten wird, bricht das Auditorium tumultartig in gleichzeitiges Geschrei aus. Eine Stimme übertönt und durchschneidet das Durcheinander und will wissen, was man zu tun gedenkt. Der Offizielle, der das Statement verkündet hatte, starrt den Fragesteller lediglich an, antwortet aber nicht.

Er faßt das Manuskriptbündel zusammen, stößt es auf dem Tisch auf, und signalisiert damit das Ende der Nachrichten, dann wünscht er den Zuschauern einen guten Abend.
Er dankt allen für die erwiesene Aufmerksamkeit, signalisiert das Ende der Fragezeit, dann, als er sich von seinem Stuhl erhebt, um wegzugehen, wünscht er dem anwesenden Publikum einen guten Abend.
Studio steht leer. Nur ein knappes Minimalangebot an Informationen bleibt zurück: ein langer, grauer Moderatorentisch auf einem niederen Podium; flankiert wird der Tisch von vier Stühlen, einer steht schräg abgewinkelt und zurückgezogen etwas im Abstand von den anderen; einige Gläser, Notizblöcke, Namensschilder; ein Hintergrund, so anziehend wie ein Gemälde des Abstrakten Expressionismus; ein Titel, der ohnehin keinen Anhaltspunkt für Identität liefert.

• **Vic Muniz/Thomas Demand** A Conversation

Vic Muniz This conversation is taking place while we are thousand miles apart. We don't have the slightest idea how each other looks like and what are the spacial surroundings from where we are talking. However, there is always an image being constructed. This image is made out of many clues, some logical, some intuitive. As we speak a notion of space is built. Since the invention of the written word people start to communicate with each other based on this possibility of the other being there, not really communicating with each other but with the image of the other and its surroundings. As I type these words I try to think of Thomas Demand an artist who lives in Berlin, who I admire and would like to exchange thoughts about photography and space. But my chain of toughts is continously interrupted by involuntary flashes of something that looks like the Brandenburg Gate, a distorted version of the Television tower, and many other places I probably have only seen in photographs and films.
Thomas Demand I moved to Berlin two month ago, my ideas of this town might not differ too much from yours yet.
Vic Muniz I guess that never changes, I keep a postcard of the Empire State Building just to remind me where I am. When the city is around you, you can't see it either. But somehow you care less. When I am talking to someone in another place my imagination is constantly filling the void generated by the lack of immediacy in our communication. Its truly amazing how past experience alters our vision of the present and

how reference, specially photographic reference dictates a direction to which the imagination must folow.

Thomas Demand Isn't photography a technique of imagination, anyway?

Vic Muniz ... probably to the same extend that reality is a technique of imagination.

Thomas Demand I guess it's not about reflecting reality. It is transitive: someone photographs something. And it would be misleading to say photography shows reality independent from being shown. Things just enter reality through photography. You mentioned past experiences: on the one hand, it's clear we wouldn't exist without them (at least we wouldn't know about it). In this respect photography is also a tool for insight, cognition. And if you take that in a somehow philosophical sense, you might like to leave out the anecdotal part of the whole operation: where and when (but not the how and what). On the other hand, I understand the past as a continous accumulation of images, but our brain may not be an ideal organ for a sustained recollection, in the best case we can try to catch some of the glimpses flickering through our memory.

Brenner Autobahn, 1994, 120 x 150 cm, C-Print/Diasec

Vic Muniz Well, in the same way photography operates as an aid to memory, it multiplies in an holographic scale things apparently worth remembering. Before photography, one had to travel quite a lot to be able to retain a collection of images of places. Today, these images come to us almost subconsciously, in airline commercials, newspapers, magazines, ect...

Thomas Demand ...mass media created the need originally. I mean, tourism appeared together with the increasing information standards; very few people knew about Burundi before it became a battlefield. This perception reminds me of a piece about postcards by Walker Percy: „the sightseer measures his satisfaction by the degree to which the (grand canyon) conforms to the preformed complex. If it does so, if it looks just like the postcard, he is pleased; he might even say, "why it is every bit as beautiful as a picture postcard!" He feels he has not been cheated. But if it does not conform, if the colours are somber, he will not be able to see it directly; he will only be conscious of the disparity between what it is and what it is supposed to be. He will say later that he was unlucky in not being there at the right time. The highest point, the term of the sightseers satisfaction, is not the sovereign discovery of the thing before him; it is rather the measuring up of the thing to the criterion of the performed symbolic complex."

Vic Muniz This measuring up exists not only as a pleasure principle but also helps define the very notion of what a direct experience may be. I have an aunt who travels quite often and likes to take pictures and buy postcards. For each postcard she buys,

Fabrik, 1994, 120 x 180 cm, C-Print/Diasec

she takes a similar picture of the same subject and she arranges them (postcard and snapshot) one next to the other in very neat albums. It actually looks really nice. She tells me she does that because she likes to photograph things that really exist. Somewhere between the particular and the universal images she can sincerely imagine a place for herself in relation to each place she visits. This makes me think of a new developing trend, when people organize tours to places that appeared in movies to have themselves photographed there. People drive for days to visit a greasy diner, a rotting bridge, a hospital or a prison where nothing really happened. Media blurs the distinction between historical places and fictional ones. A place becomes historical because it was the site for a great fictional battle. I am also intrigued by these completely ordinary spaces that reach our memory because they've been the set of some violent crime or a gruesome accident, places where famous people lived, for example. That little entrance way at Nicole Brown Simpson's house for instance will be forever etched in my memory.

Thomas Demand Oh yes, in mine as well, and news generally appear to me as a kind of a copyshop for public imaginery. But I don't think those places really mean anything (that's the where). The specific object might have some interest for criminalists, but I am a specialist in pictures, my concern is how those images make their way to me, and how I can literally make use of them without perpetuating the chain of novelties; how they might work in a different framework. It's very complex, but one of the results

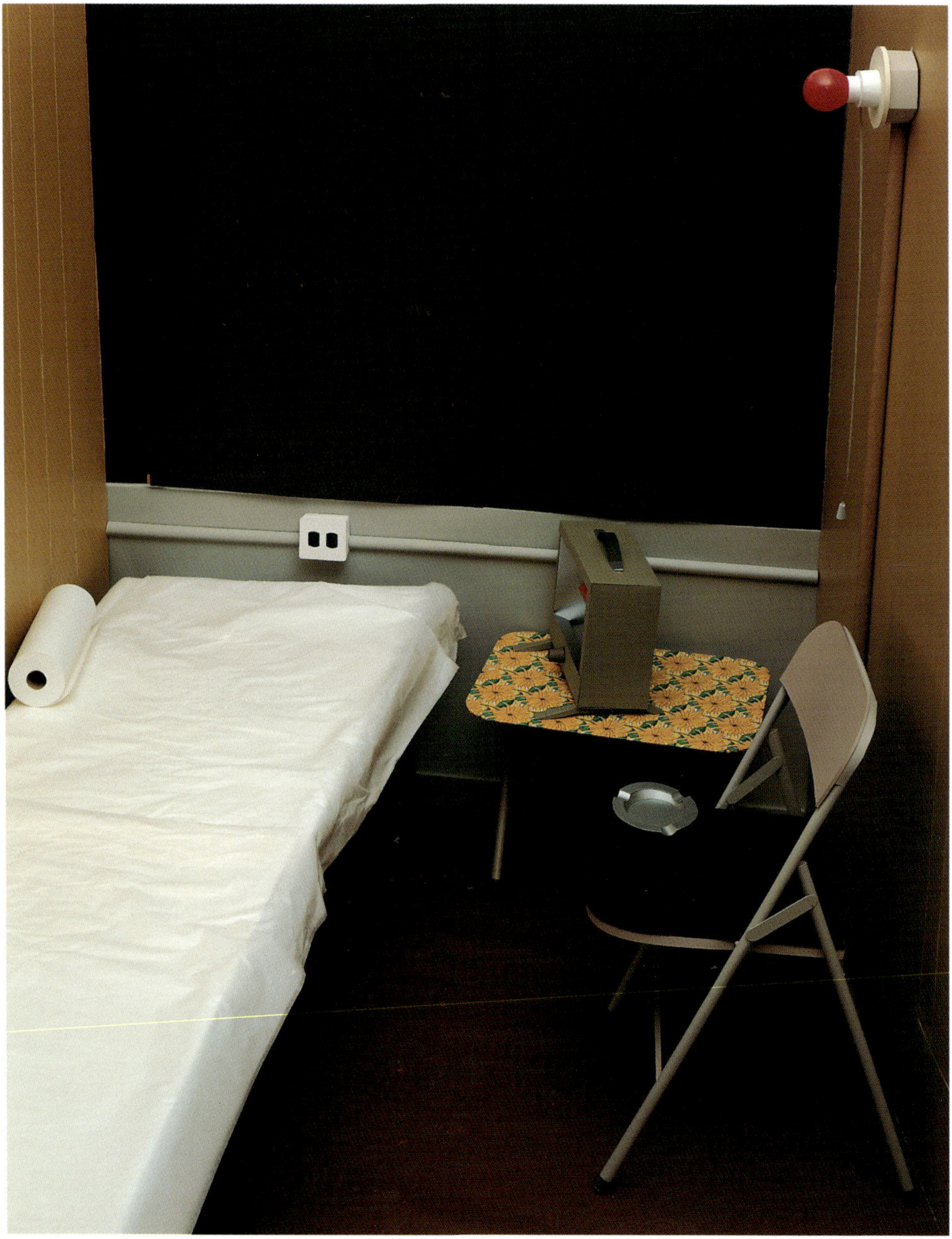

Salon, 1997,
C-Print/Diasec, 183,5 x 141 cm

can be to watch yourself watching, like Magritte's „la reproduction interdite".
Vic Muniz When we photograph something that is in itself a representation of something else, we somehow interrupt the chain of events linking that image to its factual source. The new image, re-introduced to the media, behaves as a sort of vaccine to its own inceptive meaning; while it retains most of its original form, it operates on a critical rather than rethorical mode. The impact of the original event is neutralized and the image can be more easily seen or analyzed. At the same time this brings to both artist and viewer a feeling of closure, transports the event to a much broader enviroment: that of biased imagination. It's like being immunized from history; like Oliver Stone films for instance. This, oddly enough, makes me think about computers and the sensation of space they can generate places where we can experience a feeling of control over reality.
Thomas Demand The word neutralizing is quite irritating for me, as it postulates that there is a higher level of recognition for panoramic overviews, which enables us to look down onto the real reality. There is no neutrality by esthetic apprehension. And even if, I doubt that the audience, if immunized, would go to the movies, why should they? I think it's important to be sure that the evidence we discovered doesn't turn out to be our own footprint, history is a fiction, too.
Vic Muniz I used the word neutrality to describe a state of abstraction between image and event, not audience. Images that have been processed through several media tend to become more autonomous. They gain a complexity of their own that has more to do with the way they were used than the thing they originally portrayed. The viewer in general has learned to accept and even enjoy the autonomy of the image. It's this disembodiment that makes me think of the reasons computer generated imagery is so popular these days.
Thomas Demand Maybe it's academic, but I wonder whether it makes sense to leave out the audience if you want to describe the relationship between image and event. The idea of the autonomy of the image is based on the same concept as is neutrality of the viewpoint; it's the other side of the same medal. Concerning the computer, virtual reality is very different from the experiences I have before I put on those magic gloves. And what really stunns me with all those issues like VR, digital imaging etc. is how that poster-surrealism enters through the delivery-entrance again. Dali and Tanguy became the living dead of a cemetery named inspiration.
Vic Muniz Photography was never a good medium for the surrealists, except by a few of Man Ray's pictures or Hans Belmer's concoctions. There is only classic imaginery in surrealists photography. This new technology, I am afraid, will revive more than surrealism, but also all sorts of pseudo-doctrinal motorcycle tank symbolism. Scientists have discovered the gate to Toonland and there are no customs or passport controls. I remember, when I was a kid, there were two versions of Superman on TV; one was the marvel cartoon and the other was a pretty bad filmed sitcom. I liked both versions immensely. While the cartoon people were concerned with creating villains and weapons and crazy situations, the film people were busy with the wind on his

cape, that lock of hair on his forehead, the jump through that window and the wrinkles of his shorts. They aired one version after the other and that was perhaps the first valuable piece of my artistic education. I have been using this dichotomy ever since. I recently saw "independence day" on the movie theater and couldn't wait to rent "the day earth stood still" to watch at home. Virtual reality validates theater in the same fashion writing validates speech.

Thomas Demand I think at the moment a new technology comes up, the existing media are forced to reflect and to focus on their exclusive qualities like classic photography is today. In my perception the viewer is absolutely aware of how photography works basically. The machinery is transparent. There may be some corrections or alternations, even incredibilities, but everything works only by its difference to the thinkable, thus in connection to it. It has to be readable.

Treppenhaus, 1995,
150 x 118 cm, C-Print/Diasec

Another loose agreement is for instance, that you know about the borders, how the world pictured continues where the print ends, at least potentially. It's different from my understanding of painting, where the picture shows its entire world.

Vic Muniz There is an autistic kid I know, that takes 5 x 7 snapshots of places he has been, glues them in the center of large sheets of paper, and draws, with absolute precision everything that surrounded the photograph at the moment it was taken, even if the picture is month old. All the people, dogs, birds, cars, the full text of advertising billboards even though he can't read. If you give him a very good drawing of a place he knows, he will do exactly the same, but there won't be any people or dogs or moving things in the drawing. I perceive this feeling of continuity as something that has more to do with the stasis of the subject than with the syntactical structure of the image. A painting develops over a large period of time and demands a certain stability from the subject. It is as if the subject has to momentarily renounce its own presence in physical space to enter that of the image. I believe this divorced narrative is one of the things that give painting, as well as early photography, this impression of discontinuity and abstraction from the rest of the world. When we fabricate our own sub-jects, we seem to deal simultaneously with the development of the image in time as well as with the instantaneity of the photographic act.

Thomas Demand Besides my opinion that photography is less about representing but constructing its objects in a way, I think that's one of the central points in my work: to reconsider the status of the image by producing one particular moment of perfection. It's for this reason why I begin mostly by installing the Camera on a fixed point in an empty space, which gives me the perspective for the piece. This fabrication of fiction paradoxically connects the extreme distance between the artificial world and the visible one with the closest degree of approximation to it. My recent work also points to the problem of authorship. This issue is becoming unavoidable in the next generation of photography: in the same time as the eye gets the biggest role as the tool to cruise through the flood of images, you cannot trust what you see anymore. Our concept of copyright and reliability onto the media will be obsolete, too: truth, well told. And in press photography this dilemma takes a turn into the existential. But the role of art in this respect is not to alarm the people or seek for shelter: it's to make it transparent, to understand the quality of it and to be constructive.

Vic Muniz Constructive, I like this word for it seems to antagonize the bulk of recent artistic criteria that is able to recognize only what's critical about a work. Critique has become synonymous of counter effectiveness. A good way to understanding something is trying to build that something yourself, not just breaking it to see what's inside. The way I see it, if there is one last thing to be against, that's the avantgarde itself or this idea that if you break a few rules because someone else made them, you are a damn smart person. I like to dismantle things I build myself, to fully experience the cycle of empowerment and deceit of their representation. With a circle an a few lines a kid draws the sun; I am interested in how this little doodle tales my mind to a gigantic ball of fire 150 million miles away and back in less than a second. Thoughts can be immense. I've been working with maps recently because they are seemingly abstract forms that take one's mind to really specific places. I am really interested in this remote connection between a thought and a place. A photograph of a map is about as good a document as a drawing of a photograph. It can only chart one's daydreaming. Talking about specifies, you also work with very specific imagery, how do you go about choosing what to depict?

Goldsmiths College, 1994

Thomas Demand It certainly would be very interesting to get a precise answer to such a simple question: but I am afraid, the whole thing is more complex as it seems at first sight: many different lines have to cross in one particular motive. The initial reason for the architectural pieces for example is mostly a personal experience about a construction which hits a wider connotation, for in-stance "staircase": amongst references to Richter, Schlemmer and Moholy-Nagy, it basically shows my memory of the one in our school; but whilst developing it in mind it turned out that it has been one of those german post-war schools, built under the formal premise of the consideration " what kind of architecture will influence our children to be a democratic generation of moral integrity; it grounds on the assumption that you can raise better people in better architecture, a central but questionable idea of modernism. I understand that your choice of places, which those maps show, follows a certain idea? How do you decide, obviously it's not because you're into topography?

Vic Muniz (his answer has to be given, but it will lead to) ... and what transformative role plays the model in relation to the source of the image?

Thomas Demand As you know, my so called models are mostly life size environments. In the usual small model you tend to realize what you know already, there will be no correction, you just fulfill your plan, whereas full scale has its own reality, its own gravity and stubbornness. You will be confronted with problems of proportion, form and other sculptural concerns. It's very different. The concept of constructing a reality in the studio is much stronger than faking things for the camera. They are genuine sculptures, documented. I make my decisions about objects first, the second step is to photograph them. I work 1:1.

Rasen, 1998,
122 x 170 cm, C-Print/Diasec

Dr. Stephan Berg geb. 1959, Studium der Germanistik und Geschichte in Freiburg. Leiter des Kunstvereins Freiburg, Lehraufträge für Kunsttheorie in Basel, Stuttgart und Freiburg. Zahlreiche Ausstellungsprojekte und Veröffentlichungen zur Gegenwartskunst.
Sebastian Egenhofer geb. 1968, studierte Philosophie, Kunstgeschichte und Germanistik in Freiburg mit Schwerpunkten in der klassischen Moderne und der amerikanischen Kunst der letzten Jahrzehnte. Lebt seit drei Jahren in Köln und arbeitet als Kunstkritiker und an einer Dissertation über Probleme der Minimal Art.
Ruedi Widmer geb. 1959, studierte Kommunikationswissenschaft, Filmwissenschaft und Philosophie in Paris und Zürich. Ruedi Widmer lebt als Publizist und Journalist in Zürich. Er arbeitet u.a. für die *Neue Zürcher Zeitung, die Weltwoche* und *Hochparterre*.
Volker Albus geb. 1949 in Frankfurt/Main. Nach einem Architekturstudium in Aachen folgte Arbeit als freiberuflicher Architekt. Ab 1982 Möbelentwürfe und innenarchitektonische Arbeiten. Seit 1984 breite publizistische Tätigkeit und zahlreiche Ausstellungsbeteiligungen. 1992-94 Berufung in die Kommission der FNAC (Fondation National des Arts Contemporain), Paris. Ab 1994 Professur für Produktdesign an der Hochschule für Gestaltung, Karlsruhe.
Marcus Steinweg geb. 1971, studierte Philosophie und Germanistik in Freiburg und zuletzt in Köln, wo er seit drei Jahren als Schriftsteller lebt und arbeitet.
Dr. Michael Wetzel geb. 1952, Literatur- und Medienwissenschaftler, Tätigkeit als Forscher am WZ II für Kulturforschung der Universität Kassel und als Privatdozent für Germanistik an der Universität Essen; Publikationen u. a.: *Autonomie und Authentizität* (Frankfurt/Main 1985); *Die Enden des Buches oder die Wiederkehr der Schrift* (Weinheim 1991); *Die Wahrheit nach der Malerei* (München 1997); *Mignon: Die Kindsbraut als Phantasma der Goethezeit* (München 1998).
Dr. Markus Brüderlin geb. 1958 in Basel. Studium der Kunstgeschichte, Philosophie und Germanistik in Wien.

Promovierte zum Thema Abstrakte Kunst im 20. Jdt.. Freier Ausstellungsmacher und Publizist. 1994 Gründer des Kunstraums Wien und der Zeitschrift *Springer*. Seit 1996 künstlerischer Leiter der Fondation Beyeler Riehen/Basel.

Ulrich Meister geb. 1947. Zwischen 1968 und 1973 Studium der Malerei und Bildhauerei bei Joseph Beuys. Zahlreiche Ausstellungen im In- und Ausland.

Régis Durand ist Professor an der Universität und Kunstkritiker. Weiter ist er Autor zahlreicher Bücher über Fotographie und zeitgenössische Kunst, sowie Mitherausgeber der Zeitschrift Art Press. Derzeit Tätigkeit als Direktor des Centre national de la photographie, Paris.

José Llebrero Stals Kurator am Museu d'Art Contemporani de Barcelona (MACBA). Ausstellungen u. a.: Artificial, Beat Streuli, Gary Hill.

Michael Krome geb. 1963 in Krefeld, studierte Philosophie, Kunstgeschichte, Literaturwissenschaften in Düsseldorf, München, Berlin und Köln. 1992 Aufbau der Kölner Station des Kunst-Kommunikationsnetzwerkes *The Thing*. Seit 1993 Galerie Schipper & Krome, erst Köln, ab 1997 Berlin.

Simon Morrisey geb. 1971 in England. Lebt und arbeitet als Kritiker und Kurator in London. Publiziert über zeitgenössische Kunst in zahlreichen britischen Zeitschriften, u.a. *Contemporary Visual Arts*, *Creative Camera*, *Portfolio* und *Untitled*, sowie Mitherausgeber zahlreicher Publikationen.

Vic Muniz geb. 1961 in Sao Paulo, lebt in New York City und arbeitet dort als Künstler, Kurator und Autor. Das vorliegende Gespräch mit Thomas Demand entstand im August 1996 für die Zeitschrift *Blind Spot*.

Thomas Demand geb. 1964 in München · 1987-89 Akademie der bildenden Künste, München · 1989-92 Kunstakademie Düsseldorf · 1992 Citè des Arts, Paris · 1993-94 Goldsmith's College, London (MA Fine Arts) Einzelausstellungen: 1992 Galerie Tanit, München · 1994 Galerie Tanit, Köln · 1995 Gallery Victoria Miro, London · Galerie Guy Ledune, Brüssel · 1996 Max Protetch Gallery, New York · Galerie Tanit München · Galerie de la ancienne Poste, Calais · 1997 Gallery Victoria Miro, London · Centre d'art contemporain de

Vassivière en Limousin, Limousin · Monika Sprüth Galerie, Köln · 1998 Kunsthalle, Zürich · Monica de Cardenas, Mailand · Kunsthalle, Bielefeld · Kunstverein, Freiburg · Galerie Schipper & Krome, Berlin · 303 Gallery, New York

Impressum

Herausgeber Stephan Berg

Kunstverein Freiburg im Marienbad Dreisamstraße 21, 79098 Freiburg, Tel. 0761/34944, Fax. 0761/34914, e-mail: kunstverein-freiburg@t-online.de
Direktor Stephan Berg
wiss. Mitarbeit Karin Moos

Redaktion Stephan Berg
Übersetzung Annette Gatz (Regis Durand), Michael Weis (Simon Morrissey), Stephan Barmann (Llebrero Stals)
Gestaltung Yvonne Quirmbach und Thomas Demand
Herstellung Druckerei Weber, Freiburg

Dank den Autoren, Ariane Beyn, Jörn Bötnagel, Bianka Craanen, Olafur Eliasson, Thomas Helmer, Labor Grieger, Dagmar Miethke, Eva Liesegang, Ulrich Meister, Andrew Silewicz

Diese Publikation entstand anläßlich der Ausstellung Thomas Demand im Kunstverein Freiburg vom 18. September bis zum 25. Oktober 1998. Gefördert durch den KUNSTFONDS e.V. mit Mitteln der VG Bild-kunst.

modo verlag, Freiburg
ISBN 3-922675-32-8